23 Février 1891

V

Vente après départ de M. S***

Le Lundi 23 Février 1891, à 2 heures

GALERIE DURAND-RUEL

11, rue Le Peletier, 11

SOMPTUEUX MOBILIER

REMARQUABLE D'EXÉCUTION

STYLES

Gothique, Renaissance, Louis XIV, Louis XV et Louis XVI

SUPERBES TENTURES BRODÉES

AYANT ÉTÉ FOURNIS PAR

les Maisons Van Poecke-Renault

Kriéger et Leroux

OBJETS D'ART

Marbres, Bronzes, Tapisserie d'Oudry

Mᵉ G. BOULLAND	**M. A. BLOCHE**
COMMISSAIRE-PRISEUR	EXPERT
26, rue des Petits-Champs, 26	25, rue de Châteaudun, 25

EXPOSITIONS

PARTICULIÈRE	PUBLIQUE
Le Samedi 21 Février 1891	**Le Dimanche 22 Février 1891**

DE 2 HEURES A 6 HEURES

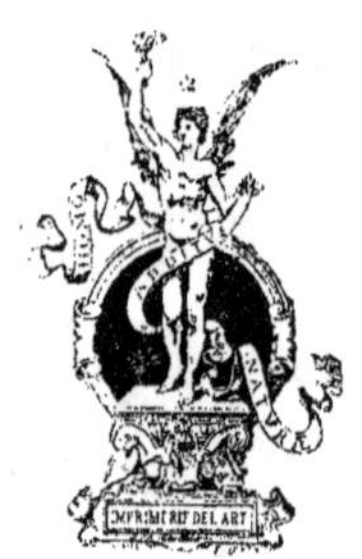
IMPREMTA DE L'ART

CATALOGUE

D'UN

SOMPTUEUX MOBILIER

REMARQUABLE D'EXÉCUTION

Styles Gothique, Renaissance, Louis XIV, Louis XV et Louis XVI

SUPERBES TENTURES BRODÉES

Ayant été fournis par

les Maisons Van Poecke-Renault

Kriéger et Leroux

TRÈS BEAUX BRONZES, MARBRES

ANCIENNE TAPISSERIE D'APRÈS OUDRY

Commodes et Harpe du temps de Louis XVI

Services de table — Cristallerie de Baccarat

DONT LA VENTE AURA LIEU

Le Lundi 23 Février 1891

A 2 HEURES PRÉCISES (LA VACATION ÉTANT CHARGÉE)

GALERIE DURAND-RUEL

11, rue Le Peletier, 11

Par le Ministère de Mᵉ **GEORGES BOULLAND**, commissaire-priseur

26, rue des Petits-Champs, 26

Assisté de **M. A. BLOCHE**, expert près la Cour d'appel

25, rue de Châteaudun, 25

Chez lesquels on trouve le présent Catalogue

EXPOSITIONS

PARTICULIÈRE	PUBLIQUE
Le Samedi 21 Février 1891	**Le Dimanche 22 Février 1891**

DE 2 HEURES A 6 HEURES

**NOTA. — Le présent Catalogue servira de carte d'entrée
pour plusieurs personnes à l'exposition particulière.**

DC 54 2

CONDITIONS DE LA VENTE

Elle sera faite *expressément* au comptant.

Les Acquéreurs payeront CINQ POUR CENT en sus des adjudications, applicables aux frais de la vente.

L'Exposition mettant les acquéreurs à même de se rendre compte de l'état et de la nature des objets, il ne sera admis aucune réclamation une fois l'adjudication prononcée.

Paris. — Imp. de l'Art. E. MÉNARD et Cⁱᵉ, 41, rue de la Victoire.

DÉSIGNATION DES OBJETS

ANTICHAMBRE

Fournie par la maison Van Poecke-Renault.

1 — Belle banquette formant coffre en bois sculpté,
avec dossier à fronton offrant en bas-relief des
sujets mythologiques, des amours et des écus-
sons, avec accotoirs à figures de sphinx. Style
Renaissance. Avait figuré à l'Exposition de 1889.
Maison Van Poecke-Renault.

2 — Fauteuil en noyer, couvert en velours ton
cuivre, garni de vieux clous. Modèle du Musée
de Cluny, exécuté par Van Poecke-Renault.

3 — Deux chaises. Même style.

4 — Beau meuble en noyer sculpté, style gothique,
formant couverture de poêle.

5 — Tapis en moquette, fond cuivre, dessin à rinceaux de couleur.

6 — Chaise à porteurs décorée de sujets mythologiques en grisaille, de rocailles et de fleurs,
avec portières garnies de glaces biseautées, intérieur en velours de Gênes bleu pâle. Exécutée
d'après celle du Musée de Cluny.

SALLE A MANGER

Exécutée par la Maison Van Poecke-Renault.

7 — Très beau buffet à deux corps, forme à contours de style Louis XIV, en bois de noyer finement sculpté, à coquilles et rinceaux pris dans
la masse, s'ouvrant à portes pleines dans le bas,
et, dans le haut, à portes vitrées garnies de petits
carreaux.

8 — Desserte en bois de noyer, avec abattant, formant étagère, décor analogue à celui du buffet,
pieds à consoles. Style Louis XIV.

9 — Table à quatre rallonges avec beau piètement,
en noyer sculpté. Style Louis XIV.

10 — Deux belles décorations de fenêtres, composées de rideaux en velours crème et bleu vénitien, avec lambrequin en gros gancés, garniture et embrasses assorties doublées en serge.

11 — Service de table en faïence, dessin bleu imbriqué de gris sur fond crème.

12 — Service en cristal de Baccarat, comprenant des verres de quatre formes différentes et carafes à vin et carafes à eau.

13 — Service à café en porcelaine.

14 — Très belle tapisserie ancienne d'après Oudry, représentant un paysage accidenté avec volatiles de toutes espèces, grands et petits oiseaux, cavalier et petit personnage; bordure fond bleu à lambrequin et ornements jaunes.

15 — Lustre-suspension en bronze.

16 — Tapis en moquette, semblable à celui de l'antichambre.

GRAND SALON

17 — Très bel ameublement de style Louis XVI, en
bois de noyer finement sculpté, dessin à rubans
et feuilles de lauriers rehaussé d'or par parties,
couvert en tapisserie d'une finessse remarquable,
dessin à fleurs, composé d'un grand canapé,
quatre fauteuils et six chaises. Fourni par la
maison *Kriéger*.

18 — Quatre magnifiques décorations de fenêtres,
composées chacune de rideaux en velours de
soie, ton vieux bleu, enrichies d'une bordure en
broderie de soie de couleur, offrant, en bas et
aux coins, des rubans festonnés, avec lambre-
quins également brodés, le tout garni de franges
relevés par des embrasses au point de Milan
assorties de nuances ; galeries en bois sculpté
et doré, style Louis XVI, complétées par des
transparents doubles rideaux en lampas de soie
de Lyon, dessin Louis XVI, garnis de passementerie et doublés de soie ; les grands rideaux sont
tout molletonnés et doublés également de soie ;
fournies par la maison Van Poecke-Renault.

19 — Meuble dit *dos à dos* avec jardinière pour
recevoir des fleurs, forme à coussins jetés et
couverts en lampas, fond vieux rose, tissés d'argent, garnis de frange et de jeux de glands
assorties. De la maison Van Poecke et Renault.

20 — Fauteuil couvert en lampas, fond crème, accotoirs forme cornes d'abondance en velours de
soie ton vert, dossier avec traversin à tétière
également en velours vert garni de jolie frange
assortie. De la maison Van Poecke-Renault.

21 — Fauteuil forme gondole, couvert en lampas
Louis XVI, vieux gris, avec rampe et tétière en
velours grenat brodé, garni de frange tout soie,
dessin petit lambrequin en velours brodé. De la
maison Van Poecke-Renault.

22 — Bergère Louis XV en bois sculpté et doré au
vieux ton, couverte en lampas de Lyon, fond
vert. Ayant figuré à l'Exposition de la maison
Van Poecke Renault, 1889.

23 — Fauteuil Louis XV, à châssis en bois de noyer
sculpté couvert en tapisserie Louis XV, très
beau dessin. De Van Poecke-Renault.

24 — Canapé, modèle chutes de fleurs, en bois
sculpté et doré, garni à tableau et couvert en
soie gourgouran bleu tendre avec semis brodé,
agrément de crête. De Van Poecke-Renault.

25 — Jolie table Louis XVI en bois de noyer sculpté,
tiroirs à secret, dessus en marbre vert de mer.
De Van Poecke-Renault.

26 — Console en bois sculpté et doré avec motif à
attribut au croisillon, dessus en marbre brocatelle d'Espagne. De Van Poecke-Renault.

27 — Tapis en moquette fond crème, dessin de couleur.

28 — Deux lampadaires en bronze. Style Louis XVI.

29 — Lustre avec globes en bronze doré.

30 — Statue en bronze : *la Défense du foyer*.

31 — Paravent à trois feuilles avec glaces, garni de
broderies fond cuivre et revers gainé en velours
de soie bleu. De la maison Van Poecke-Renault.

32 — Divan à bascule, dessin à coussin, formant
canapé et dos à dos, tête à tête, couvert en
lampas Louis XVI, avec parements en velours
grenat et frange. De Van Poecke-Renault.

33 — Commode époque Louis XVI, garnie de
bronzes et dessus en marbre.

34 — Quatre appliques Louis XVI en bronze doré.

35 — Paire de grands candélabres à statue de faune
et de bacchante en bronze patine verte, portant
des bouquets à dix lumières en bronze doré,

montés sur socles en granit rose d'Orient garni
de moulures.

36 — Très grand et beau groupe en marbre représentant l'Enfant à la chèvre. Socle en bronze
doré monté à patins.

37 — Paire de très beaux vases en marbre cipolin
rubanné orné de mascarons et têtes de béliers,
montés sur socle en bronze doré. Style Louis XVI.

38 — Statuette en bronze : la Nymphe au dauphin,
patine brune, sur socle en bronze doré. Style
Louis XVI.

39 — Deux bas-reliefs en bronze doré, époque
XIV, représentant des nymphes couchées, avec
cadres en marbre bleu turquin ornés d'agrafes
en bronze doré.

40 à 42 — Très belle garniture de cheminée composée :

1° D'une grande pendule en bronze doré et
marbre blanc forme vase balustre avec couron-
nement de fleurs. Style Louis XVI.

2° Paire de vases en marbre blanc avec draperies et têtes de béliers en bronze doré montés
en candélabres à cinq lumières. Style Louis XVI.

3° Deux brûle-parfums en marbre blanc montés sur trépieds en bronze doré. Style Louis XVI.

PETIT SALON

Exécuté par la maison Van Poecke-Renault

43 — Charmant ameublement de style Louis XVI,
en bois sculpté et doré couvert en soierie ancienne, brochée et rayée, composé d'un petit
canapé, deux fauteuils et deux chaises légères.
(Modèle unique).

44 — Magnifique décoration de croisées composée
de rideaux en velours de soie bleue avec bordure en lampas épis ton crème, d'un lambrequin
en lampas, même ton, encadrée de velours
bleu avec draperies et chutes en lampas fond
bleu ciel; le tout garni de crêtes et de franges
en riche passementerie assortie de ton. Galerie
en bois finement sculpté, complétée par des rideaux de dessous en lampas de Lyon, semblable à celui des draperies, garnis des mêmes
franges et relevés par des embrasses de style.
Les rideaux, ainsi que les draperies et chutes,
sont doublés en marceline tout soie. Cette décoration de fenêtres, inspirée du grand style
Louis XVI, d'une élégance rare, figura à l'exposition de la maison Van Poecke-Renault en 1889.

45 — Jolie table de style Louis XVI en bois sculpté
et doré, dessus en marbre brocatelle d'Espagne.

46 — Belle console en bois sculpté et doré, même
modèle, avec dessus en marbre brocatelle d'Espagne.

47 — Petite vitrine de style Louis XVI en bois
d'acajou, garnie de colonnettes et de bronze
doré avec glaces biseautées à l'intérieur et à
l'extérieur, gainée de velours de soie grenat.

48 — Gaine en bois sculpté et doré, forme pilastre
à draperie.

49 — Joli meuble à bijoux en bois de noyer finement sculpté, forme bombée, style Louis XV,
sur pieds à contours, intérieur en bois des îles
garni de petits tiroirs.

50 — Petite commode forme demi-lune du temps de
Louis XVI, en marqueterie de bois à fleurs et
attributs de musique; dessus en marbre rouge.

51 — Grand fauteuil Louis XIV en bois sculpté couvert en soie ancienne fond rose brochée, à fleurs
et ornements.

52 — Fauteuil Louis XV en bois sculpté couvert
en soie verte ancienne brochée, à vases de fleurs
et figures d'amours.

53 — Jolie statuette en marbre représentant une

nymphe debout : allégorie du Printemps, d'après Clodion ; sur socle en bronze doré de style Louis XVI.

54 — Paire de candélabres de style Louis XVI formés par des statuettes de nymphes en bronze portant des bouquets à quatre lumières en bronze doré, sur socle en porphyre oriental et marbre bleu turquin.

55-56 —Importante garniture de cheminée en bronze doré style Louis XVI, composée de :

1° Une pendule à figure d'enfants prenant leurs ébats dans les nuages autour du mouvement, avec socle orné de guirlandes et de bas-reliefs.

2° Une paire de candélabres à figure d'enfants portant des bouquets et des lumières.

57 — Paire de belles cassolettes en marbre avec monture en bronze doré, anses à figures de satyres assis tenant des guirlandes de chêne qui se dessinent tout autour de la panse. Style Louis XVI.

58 — Paire de grandes et belles appliques en bronze ciselé et doré. Style Louis XVI. Reproduction de celle du château de Fontainebleau.

59 — Tapis en moquette, semblable aux précédents.

60 — Jolie harpe en bois sculpté et vernis Martin,
du temps de Louis XVI, de F. B. Chaillot.

CABINET DE TRAVAIL

Exécuté par la maison Van Poecke-Renault.

61 — Bibliothèque en noyer sculpté, s'ouvrant partie à portes pleines et partie à glaces. Style Renaissance.

62 — Bibliothèque en poirier finement sculpté, s'ouvrant à trois portes garnies de glaces. Style Renaissance.

63 — Bureau-ministre en bois de noyer sculpté, avec tiroirs, serrures de sûreté; dessus en maroquin noir.

64 — Grande table à dessin en bois de noyer sculpté.

65 — Crédence en bois de noyer sculpté et ciré, sortant de la maison Leroux.

66 — Divan en maroquin forme à traversin, avec dossier et siège en cuir d'une seule pièce sans coutures.

67 — Divan avec accotoirs couvert en velours
épinglé fond crème, matelas et coussins mobiles
en velours xvi° siècle, avec galon épinglé rap-
pelant le velours.

68 — Fauteuil Médicis, couvert en velours ciselé de
Lyon ton vert, avec bande brodée formant enca-
drement, copiée sur dalmatiques anciennes sortant de l'Exposition. Van Poecke-Renault.

69 — Fauteuil de bureau en bois de noyer, forme
Dagobert, couvert en cuir repoussé.

70 — Deux chaises allant avec le fauteuil, même
bois et même cuir.

71 — Grand buste de Marie-Antoinette, en bronze,
d'après Houdon. (Signé.)

72 — Buste en bronze : Nymphe de Marin sur fût
de colonne en marbre blanc cannelé garni de
bronze.

73 — Deux figurines en bronze : Petits Faunes cou-
rants, sur socle en bronze doré.

74 — Deux curieux miroirs à doubles faces montés
dans d'anciens reliquaires en bronze ciselé et
doré de la Renaissance.

75 — Paire de girandoles forme Louis XV, dessin rocaille à trois lumières, en bronze doré.

76 - Fauteuil Renaissance en bois de noyer sculpté avec dauphins comme accotoirs, couvert en beau velours à rehauts d'argent copié sur un pourpoint ancien.

77 — Fauteuil Louis XIV en noyer sculpté, très riche dessin couvert en tapisserie gainé en velours.

78 — Deux fauteuils en noyer couverts en maroquin.

79 — Décor de fenêtre composé de rideaux égaux avec draperies sur galerie en étoffe fond cuivre et vieux vert ornés de franges, molletonnés et doublés en serge relevés par des embrasses.

80 — Décor de divan d'alcôve en même étoffe que la fenêtre, doublé en velours de lin ton vert.

81 — Tapis moquette fond crème semblable à celui du grand salon.

82 — Deux bas-reliefs encadrés de peluche rouge.

83 — Paravent à trois feuilles garni en velours vert avec broderies et application, tons crème et bleu garni en soie ton bleu.

84 — Appareil à gaz à genouillère en cuivre.

CABINET DE TOILETTE

Exécuté par la maison Van Poecke-Renault.

85 — Tenture en étoffe soie bleue avec son plafond en étoffe lamée fond crème.

86 — Décor de fenêtre composé d'un rideau à l'italienne et un petit rideau avec draperies en étoffe lamée semblable au plafond, agrémenté de franges, relevé par des embrasses.

87 — Chaise longue avec dossier traversin, couverte en étoffe lamée, garnie de frange.

88 — Deux fauteuils allant avec la chaise longue.

89 — Chaise légère, vert d'eau et or, en bois sculpté, couverte en lampas rose.

90 — Chaise à coiffer tournante en bois d'érable avec dessus et dossier lamés.

91 — Commode d'époque Louis XV, garnie de bronzes et dessus en marbre.

92 — Dos à dos en peluche avec parements en velours grenat et couvert en lampas crème orné d'effilé et de frange.

93 — Tapis moquette en ton crème et dessins couleurs comme celui des autres pièces.

94 — Lavabo, dessus en marbre avec cuvette incrustée, réservoir pour l'eau, le corps du bas à portes pleines, en bois de noyer sculpté et ciré. Sortant de la maison Leroux.

CHAMBRE A COUCHER

95 — Tenture en étoffe vieil or, dessin vert mousse, avec un lot de galons.

96 — Décor de fenêtre composé, au haut, d'une galerie en étoffe avec draperies lampas fond cuivre, orné de franges ; deux rideaux en même lampas, doublés de soie et relevés par des embrasses, plus deux rideaux à l'italienne, en étoffe comme la tenture, ornés d'effilés, relevés par une embrasse. Exécuté par la maison Van Poecke-Renault.

97 — Décor de lit avec châssis, draperies et rideaux semblables au lampas soie cuivre de la fenêtre ; mêmes passementeries et embrasses, doublées en soie vieil or. De Van Poecke-Renault.

97 *bis.* — Couvre-pieds ajusté, lampas en cuivre assorti aux rideaux avec agréments de marabout.

98 — Ameublement style Louis XVI, en bois de
noyer sculpté et ciré, sortant de la maison
Leroux, composé d'un lit de milieu, une armoire
à tr s portes avec glaces biseautées, une table-
toilette avec dessus de marbre, une psyché avec
étagères, et une table de nuit.

99 — Petite table à ouvrage à quatre pieds, bois de
noyer ciré. De la maison Leroux.

100 — Garniture de toilette en cristal, avec couvercles
argentés.

101 — Cuvette et son pot à eau argentés, allant avec
la garniture ci-dessus.

102 — Garniture de cheminée composée d'une pendule et ses deux candélabres. Travail artistique.

103 — Bergère Louis XVI en bois de noyer sculpté,
garnie à coussin et couverte en velours de soie
à dessins, bleu ton sur ton. De Van Poecke-Renault.

104 — Tapis en moquette, fond crème, semblable
aux autres pièces.

105 — Charmante pendule, forme lyre, en pâte
tendre, décor rose Pompadour (modèle de la
collection Hamilton), ornée de bronzes finement
ciselés et dorés, cadran entouré d'un soleil en

cristal de roche monté en argent. Style Louis XVI.

106 — Paire de jolis vases en spath fluor.

107 — Paire de candélabres en bronze doré, à figures de femmes agenouillées, d'après Falconnet, portant des vases en jaspe surmontés de bouquets à trois lumières.

SALLE DE BAINS

108 — Baignoire avec son chauffe-bain sur estrade et marche à tiroir, garnie en tapis.

109 — Décor de fenêtre en serge bleue orné d'effilé avec lambrequin en haut.

110 — Décor analogue à la fenêtre pour cacher la baignoire.

DEUXIÈME CHAMBRE A COUCHER
Exécutée par la maison Van Poecke-Renault.

111 — Beau lit en marqueterie garni de bronze avec sa literie.

112 — Chaise confortable à petit bras, couverte en lampas héliotrope.

113 — Chaise d'angle, dessus paillé fantaisie.

114 — Deux tabourets de pieds.

115 — Chaise en bois noir canné.

116 — Table-support à vase de fleurs.

117 — Porte-serviette en bambou.

118 — Deux appliques Louis XV en bronze doré.

119 — Cinq vases en faïence décorée.

120 — Neuf paires de rideaux de vitrage en étamine avec entredeux.

CUISINE ET CHAMBRES DE SERVICE

121 — Tables dont une à découper, et un buffet en bois blanc.

122 — Lot de batterie de cuisine complète avec moules à gâteaux.

123 — Meubles de chambres de domestiques.

124 — Objets non catalogués.

www.ingramcontent.com/pod-product-compliance
Lightning Source LLC
LaVergne TN
LVHW011005180726
843502LV00007B/2339